AF189536

Impressum
Verlag: BABADADA GmbH, Nedderfeld 112 , 22529 Hamburg
Geschäftsführer / Verlagsleitung: Harald Hof
Druck: Books on Demand GmbH, In de Tarpen 42, 22848 Norderstedt

Imprint
Publisher: BABADADA GmbH, Nedderfeld 112 , 22529 Hamburg, Germany
Managing Director / Publishing direction: Harald Hof
Print: Books on Demand GmbH, In de Tarpen 42, 22848 Norderstedt, Germany

Šola

المدرسة

Deljenje
يقسم

186/2

Tabla
اللوح

Razred
القسم

Šolsko dvorišče
باحة المدرسة

Učitelj
المعلم

Papir
ورقة

Pisati
يكتب

Pisalo
القلم

Pisalna miza
طاولة المكتب

Ravnilo
المسطرة

Knjiga
الكتاب

Učenec
التلميذ

Šolska torba

الحقيبة المدرسية

Peresnica

المقلمة

Svinčnik

قلم الرصاص

Šilček

البرّاية

Radirka

الممحاة

Risalni blok

دفتر الرسم

Risba

الرسمة

Čopič

الفرشاة

Vodene barvice

علبة التلوين

Škarje

المقص

Lepilo

المادة اللاصقة

Zvezek

دفتر التمارين

Domača naloga

الواجب المدرسي

Število

الرقم

Seštevanje

يجمع

Odštevanje

يطرح

Množenje

يضرب

Računanje

يحسب

Črka

الحرف

Abeceda

الأبجدية

Beseda

كلمة

Besedilo

النص

Brati

يقرأ

Kreda

الطبشور

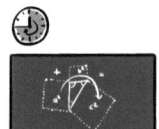

Učna ura

الحصة

Redovalnica

دفتر الدوام المدرسي

Preizkus znanja

الامتحان

Spričevalo

شهادة

Šolska uniforma

اللباس المدرسي

Izobrazba

التعليم

Enciklopedija

الموسوعة

Univerza

الجامعة

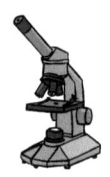

Mikroskop

المجهر

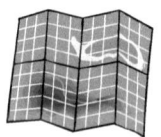

Zemljevid

الخريطة

Koš za smeti

قماما

Potovanje
سفر

Hotel
فندق
Grand
Hostel
بيت الشباب
ROOMS
Menjalnica
مكتب صرافة
CHANGE
Kovček
حقيبة
Avtomobil
سيارة

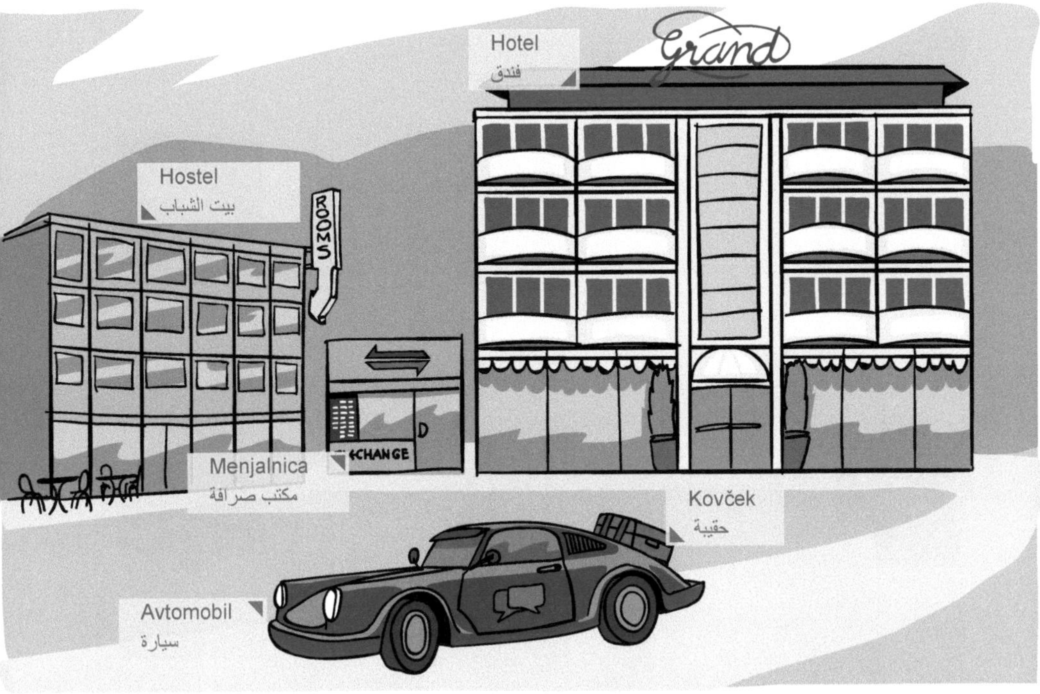

Jezik

اللغة

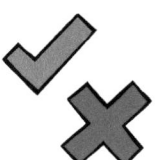

da / ne

نعم / لا

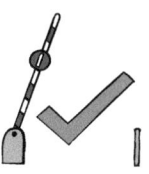

Prav

حسناً

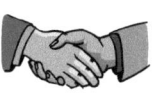

Pozdravljeni

مرحباً

Prevajalec

مترجم

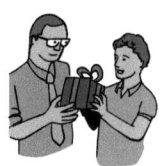

Hvala

شكراً

Koliko stane…?

كم ثمن … ؟

Ne razumem

لا أفهم

Težava

مشكلة

Dober večer!

مساء الخير

Dobro jutro!

صباح الخير!

Lahko noč!

ليلة سعيدة

Nasvidenje

إلى اللقاء

Smer

اتجاه

Prtljaga

أمتعة السفر

Torba

حقيبة

Nahrbtnik

حقيبة ظهر

Gost

ضيف

Soba

غرفة

Spalna vreča

كيس للنوم

Šotor

خيمة

Turistične informacije

استعلامات سياحية

Plaža

شاطئ

Kreditna kartica

بطاقة ائتمان

Zajtrk

إفطار

Kosilo

طعام الغداء

Večerja

العشاء

Vozovnica

بطاقة سفر

Dvigalo

مصعد

Znamka

طابع بريدي

Meja

حدود

Carina

الجمارك

Veleposlaništvo

سفارة

Vizum

تأشيرة

Potni list

جواز سفر

Prevoz
نقل

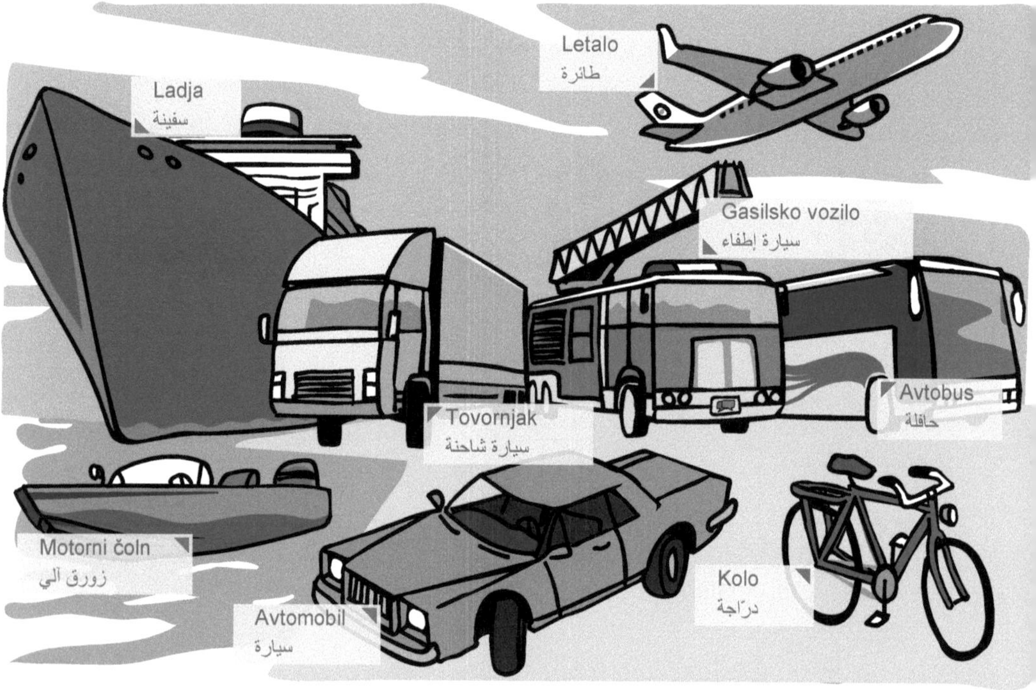

Letalo
طائرة
Ladja
سفينة
Gasilsko vozilo
سيارة إطفاء
Avtobus
حافلة
Tovornjak
سيارة شاحنة
Motorni čoln
زورق آلي
Kolo
درّاجة
Avtomobil
سيارة

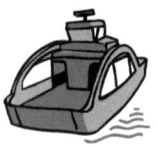

Trajekt
عبارة

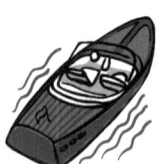

Čoln
قارب

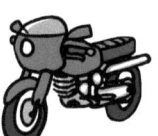

Motorno kolo
دراجة نارية

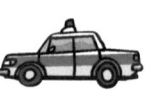

Policijski avto
سيارة شرطة

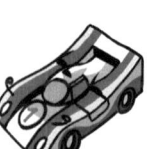

Dirkalni avto
سيارة سباق

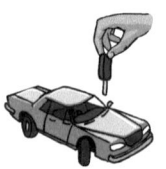

Najeto vozilo
سيارة مستأجرة

Souporaba avtomobila

أسلوب تشاركي في استئجار السيارات

Avtovleka

سيارة للجر

Smetarsko vozilo

سيارة نقل القمامة

Motor

محرك

Gorivo

وقود

Bencinska postaja

محطة وقود

Prometni znak

إشارة مرور

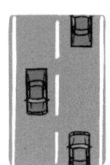

Promet

حركة السير

Zastoj

ازدحام سير

Parkirišče

موقف سيارات

Železniška postaja

محطة قطار

Tirnice

سكك حديدية

Vlak

قطار

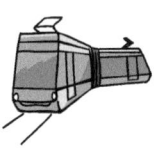

Tramvaj

ترام

Vagon

عربة قطار

Helikopter

طائرة مروحية

Letališče

مطار

Stolp

برج

Potnik

مسافر

Kontejner

حاوية

Karton

علبة كرتون

Voziček

عربة يد

Košara

سلة

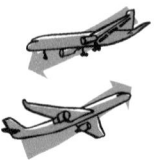

vzleteti / pristati

يقلع / يهبط

Mesto

مدينة

Vas

قرية

Mestno jedro

مركز المدينة

Hiša

بيت

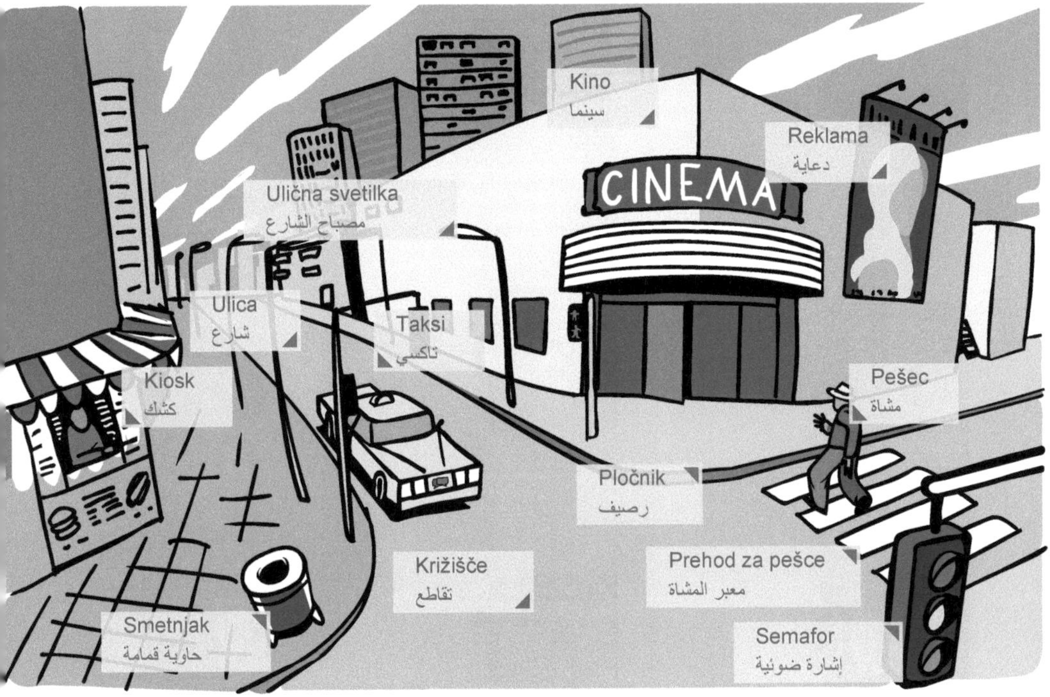

Kino
سينما

Reklama
دعاية

Ulična svetilka
مصباح الشارع

CINEMA

Ulica
شارع

Taksi
تاكسي

Kiosk
كشك

Pešec
مشاة

Pločnik
رصيف

Križišče
تقاطع

Prehod za pešce
معبر المشاة

Smetnjak
حاوية قمامة

Semafor
إشارة ضوئية

Koča

كوخ

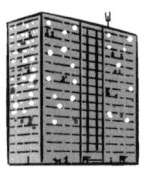

Stanovanje

شقة

Železniška postaja

محطة قطار

Mestna hiša

دار البلدية

Muzej

متحف

Šola

المدرسة

Univerza

الجامعة

Banka

مصرف

Bolnišnica

المستشفى

Hotel

فندق

Lekarna

صيدلية

Pisarna

مكتب

Knjigarna

مكتبة

Trgovina

متجر

Cvetličarna

محل لبيع الزهور

Supermarket

سوبرماركت

Tržnica

سوق

Veleblagovnica

متجر كبير

Ribarnica

تاجر السمك

Nakupovalno središče

مركز تسوّق

Pristanišče

ميناء

Park

حديقة عامة

Klop

مقعد

Most

جسر

Stopnice

درج، سلم

Podzemna železnica

مترو

Predor

نفق

Avtobusno postajališče

موقف حافلات

Bar

بار

Restavracija

مطعم

Poštni nabiralnik

صندوق البريد

Ulična tabla

لافتة باسم الشارع

Parkirna ura

مقياس زمن الوقوف

Živalski vrt

حديقة حيوانات

Kopališče

مسبح

Mošeja

مسجد

Kmetija

مزرعة

Onesnaževanje

تلوث البيئة

Pokopališče

مقبرة

Cerkev

كنيسة

Otroško igrišče

ملعب الأطفال

Tempelj

معبد

Pokrajina

طبيعة ريفية

List — ورقة

Kažipot — علامة إرشاد

Pot — طريق

Travnik — مرج

Kamen — حجر

Drevo — شجرة

Pohodnik — رحالة

Reka — نهر

Trava — عشب

Cvetlica — زهرة

Dolina

وادٍ

Hrib

جبل

Jezero

بحيرة

Gozd

غابة

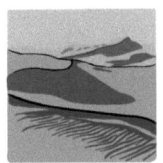

Puščava

صحراء

Vulkan

بركان

Grad

قلعة

Mavrica

قوس قزح

Goba

فطر

Palma

نخلة

Komar

بعوض

Muha

ذبابة

Mravlja

نملة

Čebela

نحلة

Pajek

عنكبوت

Hrošč

خنفساء

Žaba

ضفدعة

Veverica

سنجاب

Jež

قنفذ

Zajec

أرنب

Sova

بومة

Ptič

عصفور

Labod

بجعة

Divji prašič

خنزير برّي

Jelen

غزال

Los

إلكة

Jez

سد

Vetrnica

دولاب الطاحونة الهوائية

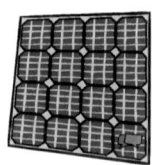

Solarna plošča

خلية شمسية

Podnebje

مناخ

Restavracija

مطعم

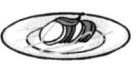

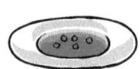

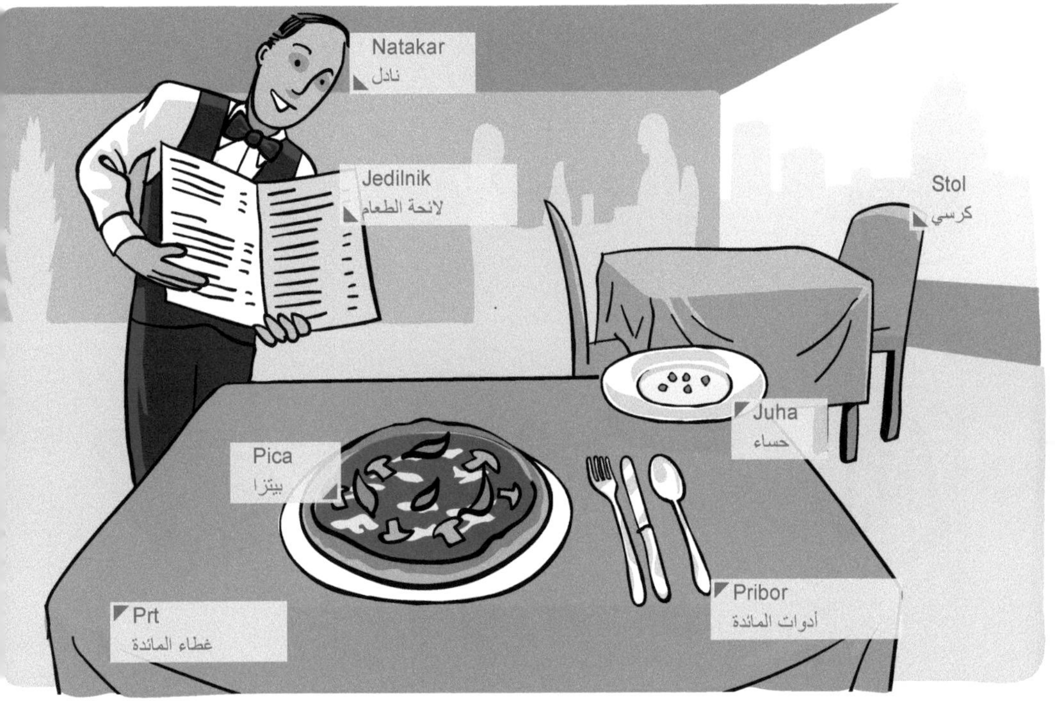

Natakar
نادل
Jedilnik
لائحة الطعام
Stol
كرسي
Juha
حساء
Pica
بيتزا
Pribor
أدوات المائدة
Prt
غطاء المائدة

Predjed

مقبلات

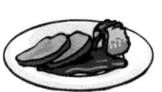

Glavna jed

الصحن الرئيسي

Sladica

حلوى أو فاكهة بعد الطعام

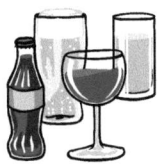

Pijače

مشروبات

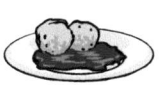

Hrana

طعام

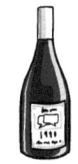

Steklenica

زجاجة

Hitra hrana

وجبات سريعة

Ulična hrana

طعام الشارع

Čajnik

إبريق الشاي

Sladkornica

علبة السكر

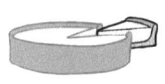

Porcija

حصة

Aparat za espresso

آلة الإسبريسو

Stolček za hranjenje

كرسي عالٍ

Račun

فاتورة

Pladenj

صينية

Nož

سكين

Vilica

شوكة

Žlica

ملعقة

Čajna žlička

ملعقة الشاي

Servieta

منديل المائدة

Kozarec

كأس

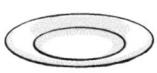

Krožnik

صحن

Globoki krožnik

صحن الحساء

Krožniček

صحن الفنجان

Omaka

صلصة

Solnica

مملحة

Mlinček za poper

مطحنة الفلفل

Kis

خلّ

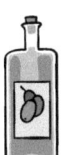

Olje

زيت الطعام

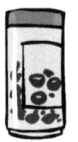

Začimbe

توابل

Kečap

كتشاب

Gorčica

خردل

Majoneza

مايونيز

Supermarket

سوبرماركت

Posebna ponudba
عرض خاص

Stranka
زبون

Mlečni izdelki
مشتقات الحليب

Sadje
فواكه

Nakupovalni voziček
عربة تَسَوّق

Mesnica

جزّار

Pekarna

مخبز

Tehtati

يزن

Zelenjava

خضار

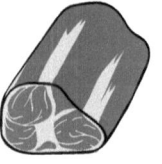

Meso

لحم

Zamrznjena hrana

المأكولات المجمّدة

20   Supermarket - سوبرماركت

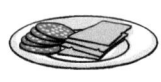

Hladne mesnine

مرتديلا أو جبن

Konzerve

معلّبات

Pralni prašek

مسحوق الغسيل

Sladkarije

حلويات

Gospodinjski izdelki

المواد المنزلية

Čistilno sredstvo

منظّفات

Prodajalka

بائعة

Blagajna

صندوق الحساب

Blagajnik

أمين صندوق

Nakupovalni seznam

قائمة المشتريات

Delovni čas

أوقات العمل

Denarnica

محفظة النقود

Kreditna kartica

بطاقة ائتمان

Torba

حقيبة

Plastična vrečka

كيس بلاستيكي

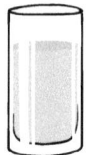

Voda

ماء

Sok

عصير

Mleko

حليب

Kola

كولا

Vino

نبيذ

Pivo

بيرة

Alkohol

كحول

Kakav

كاكاو

Čaj

شاي

Kava

قهوة

Espresso

قهوة إسبريسو

Kapučino

كابوتشينو

Banana

موزة

Jabolko

تفاح

Pomaranča

برتقال

Lubenica

بطيخ

Limona

ليمون

Korenje

جزرة

Česen

ثوم

Bambus

خيزران

Čebula

بصل

Goba

فطر

Oreščki

لوزيات

Rezanci

شعيرية

Špageti

سباغيتي

Riž

أرزّ

Solata

سلطة

Ocvrt krompirček

بطاطا مقلية

Pečen krompir

بطاطا مقلية

Pica

بيتزا

Hamburger

هامبورغر

Sendvič

ساندويش

Zrezek

شريحة لحم مقلية

Šunka

لحم خنزير

Salama

سلامي

Klobasa

سجق

Piščanec

دجاج

Pečenka

لحم محمر

Riba

سمك

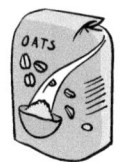

Ovseni kosmiči

دقيق الشوفان

Musli

موسلي

Koruzni kosmiči

كورن فلكس

Moka

طحين

Rogljiček

كرواسان

Žemlja

خبز صغير

Kruh

خبز

Prepečenec

خبز محمص

Piškoti

بسكويت

Maslo

زبدة

Skuta

لبن زبادي

Torta

كعكة

Jajce

بيضة

Pečeno jajce na oko

بيض مقلي

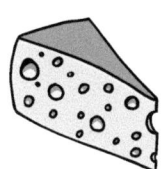

Sir

جبنة

Sladoled

مثلجات

Sladkor

سكر

Med

عسل

Marmelada

مربّى الفاكهة

Čokoladni namaz

كريم النوغا

Kari

الكاري

Kmetija
مزرعة

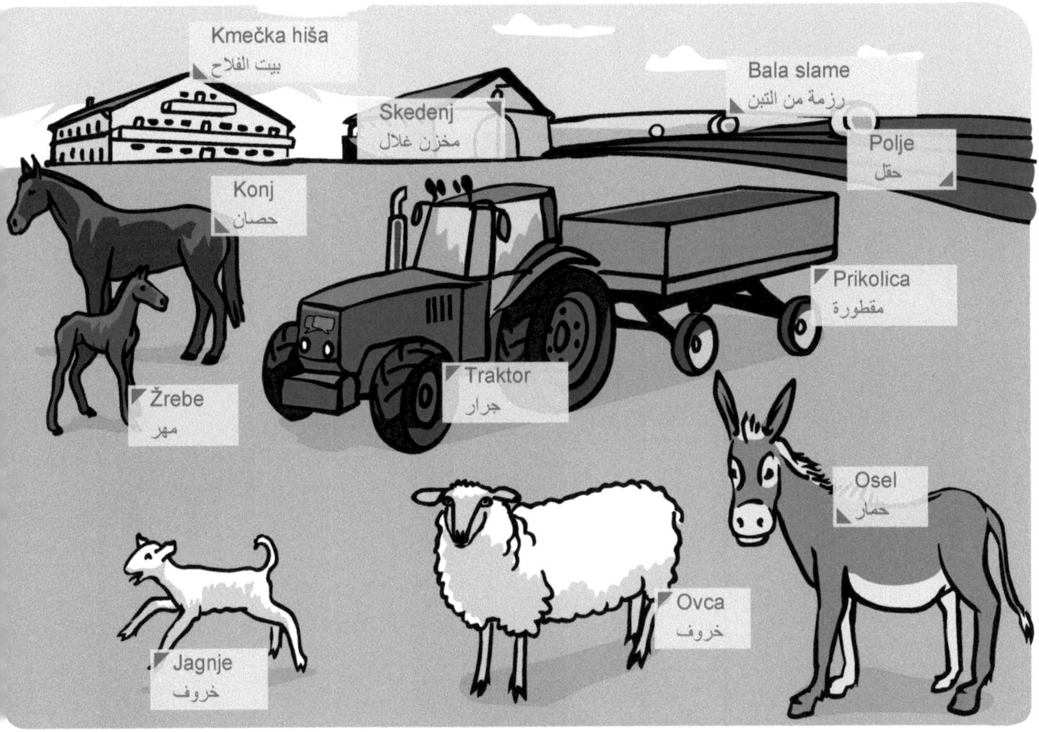
Kmečka hiša
بيت الفلاح
Bala slame
رزمة من التبن
Skedenj
مخزن غلال
Polje
حقل
Konj
حصان
Prikolica
مقطورة
Traktor
جرار
Žrebe
مهر
Osel
حمار
Ovca
خروف
Jagnje
خروف

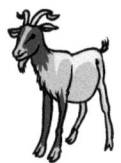

Koza
....
ماعز

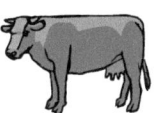

Krava
....
بقرة

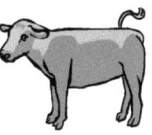

Tele
....
عجل

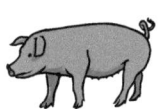

Prašič
....
خنزير

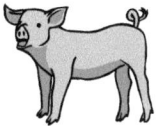

Pujsek
....
خنزير صغير

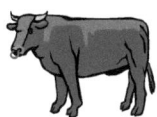

Bik
....
ثور

Gos

إوزَة

Raca

بطة

Piščanec

صوص

Kokoš

دجاجة

Petelin

ديك

Podgana

جرذ

Mačka

قطّة

Miš

فأر

Vol

ثور

Pes

كلب

Pasja uta

كوخ الكلب

Cev za zalivanje

خرطوم الحديقة

Kangla za zalivanje

إبريق

Kosa

منجل

Plug

المحراث

Srp

منجل

Motika

معزقة

Vile

مذراة الزبل

Sekira

بلطة

Samokolnica

عربة يد

Korito

معلف

Kangla za mleko

صفيحة الحليب

Vreča

كيس

Ograja

سياج

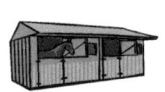

Hlev

اصطبل

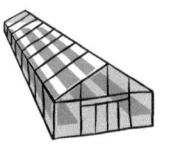

Rastlinjak

دفيئة

Prst

تربة

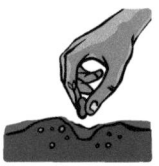

Seme

بذور

Gnojilo

سماد

Kombajn

حصّادة دراسة

Žeti

يحصد

Žetev

محصول

Jam

بطاطا يامس

Pšenica

قمح

Soja

صويا

Krompir

بطاطا

Koruza

ذرة

Oljna ogrščica

سلجم

Sadno drevo

شجرة فاكهة

Maniok

نبات منيهوت

Žito

الحبوب

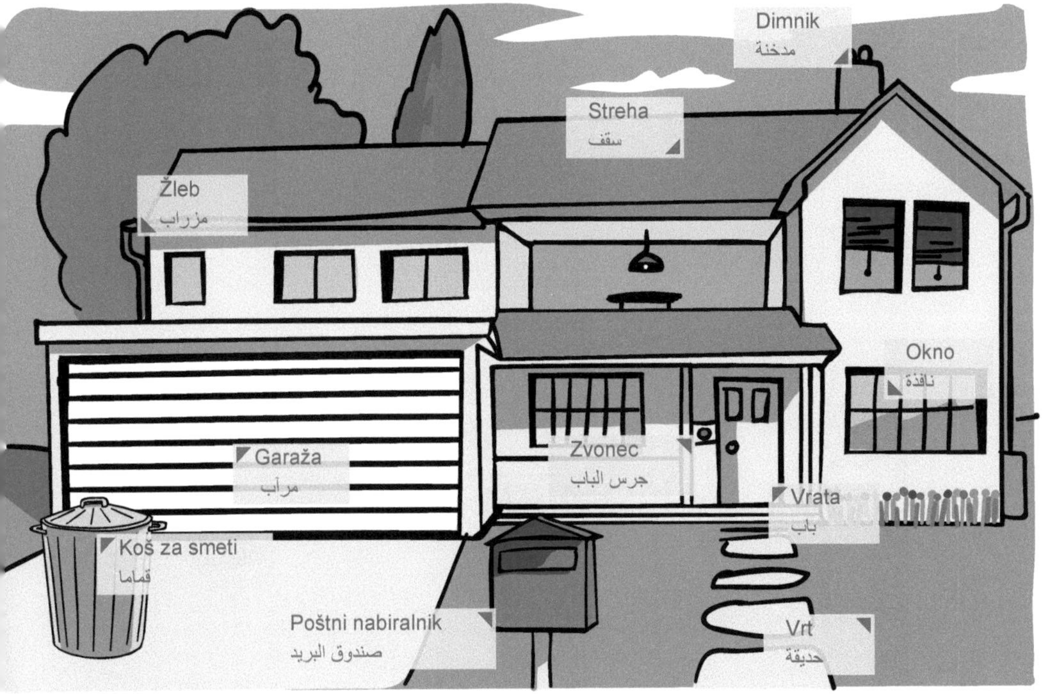

Dimnik
مدخنة

Streha
سقف

Žleb
مزراب

Okno
نافذة

Garaža
مراب

Zvonec
جرس الباب

Vrata
باب

Koš za smeti
قمامة

Poštni nabiralnik
صندوق البريد

Vrt
حديقة

Dnevna soba

غرفة جلوس

Kopalnica

الحمّام

Kuhinja

مطبخ

Spalnica

غرفة النوم

Otroška soba

غرفة الأطفال

Jedilnica

غرفة الطعام

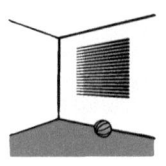

Tla

أرضية

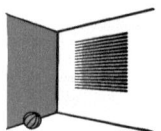

Stena

حائط

Strop

سقف

Klet

قبو

Savna

ساونا

Balkon

بلكون

Terasa

شرفة

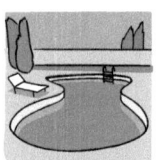

Bazen

مسبح

Kosilnica

جزّازة العشب

Rjuha

بياضات السرير

Posteljno pregrinjalo

بطانية

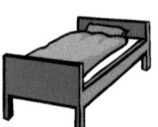

Postelja

سرير

Metla

مكنسة

Vedro

سطل

Stikalo

مفتاح كهرباني

Dnevna soba
غرفة جلوس

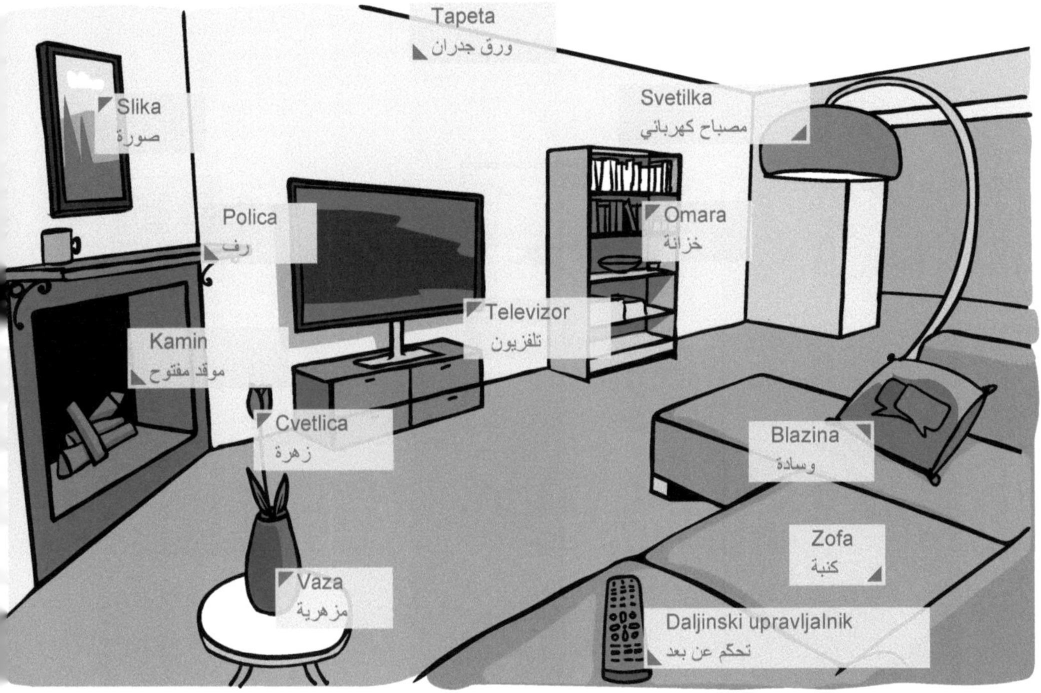
Tapeta
ورق جدران
Slika
صورة
Svetilka
مصباح كهربائي
Polica
رف
Omara
خزانة
Televizor
تلفزيون
Kamin
موقد مفتوح
Cvetlica
زهرة
Blazina
وسادة
Zofa
كنبة
Vaza
مزهرية
Daljinski upravljalnik
تحكم عن بعد

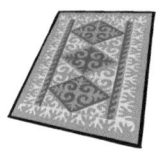

Preproga

بصاط

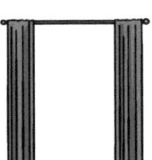

Zavesa

ستارة

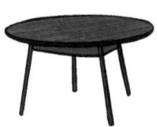

Miza

طاولة

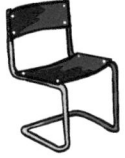

Stol

كرسي

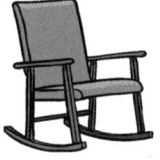

Gugalnik

كرسي هزّاز

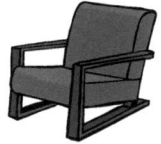

Naslanjač

كرسي ذو ذراعين

Knjiga

الكتاب

Odeja

بطانية

Dekoracija

زخرفة

Drva

الحطب

Film

فيلم

Glasbeni stolp

تجهيزات ستيريو

Ključ

مفتاح

Časopis

جريدة

Slika

لوحة مرسومة

Plakat

مُلصق

Radio

راديو

Beležka

دفتر ملاحظات

Sesalnik

المكنسة الكهربائية

Kaktus

صبّار

Sveča

شمعة

Kuhinja
مطبخ

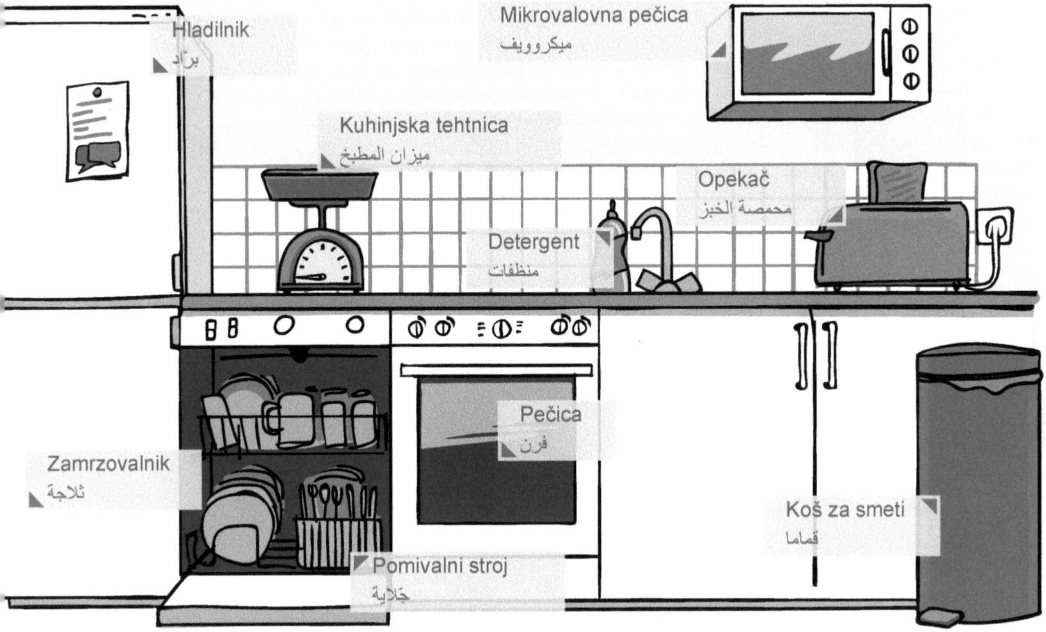
Hladilnik
براد
Mikrovalovna pečica
ميكروويف
Kuhinjska tehtnica
ميزان المطبخ
Opekač
محمصة الخبز
Detergent
منظفات
Pečica
فرن
Zamrzovalnik
ثلاجة
Koš za smeti
قماما
Pomivalni stroj
جلاية

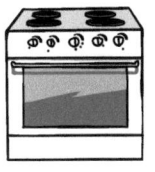

Kozica
موقد

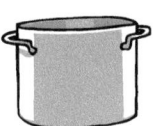

Lonec
قِدر

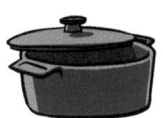

Litoželezni lonec
وعاء من الحديد

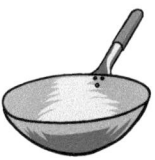

Vok / kadai
قدر صيني

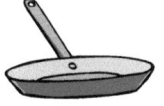

Ponev
مقلاة

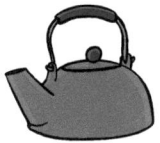

Kotliček
غلاية

Parni kuhalnik

قدر البخار

Pekač

صينية

Posoda

أواني

Skodelica

فنجان

Skleda

صحن

Jedilne paličice

عيدان الأكل

Zajemalka

مغرفة

Lopatica

ملعقة منبسطة

Metlica

خفاقة

Cedilnik

مصفاة

Cedilo

مصفاة

Strgalo

مبشرة

Možnar

هاون

Žar

شواء

Ognjišče

موقد

Deska za rezanje

لوح التقطيع

Valjar

نشّابة

Odpirač za steklenice

مفتاح الزجاجات

Pločevinka

علبة

Odpirač za konzerve

مفتاح العلب المعدنية

Prijemalka za posodo

قماش الفرن

Korito

مجلى

Ščetka

فرشاة

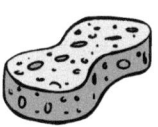

Goba

إسفنج

Mešalnik

خلاط

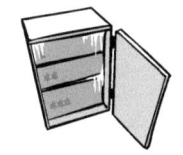

Zamrzovalna skrinja

مجمّدة

Steklenička

زجاجة الطفل

Pipa

صنبور الماء

Kopalnica

الحمّام

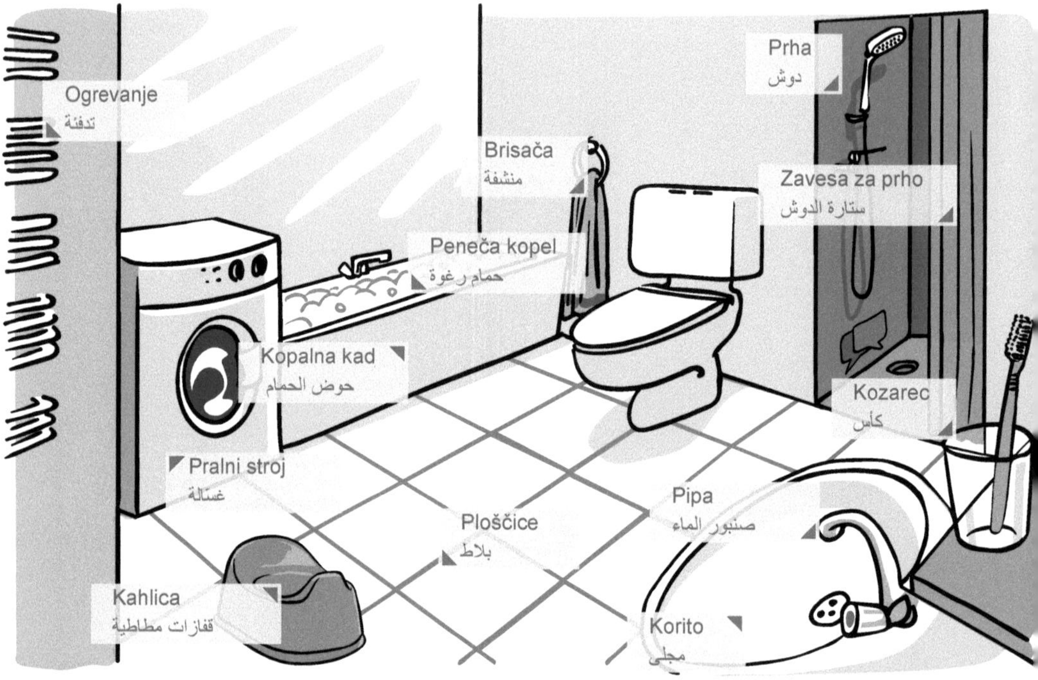

Ogrevanje
تدفئة
Prha
دوش
Brisača
منشفة
Zavesa za prho
ستارة الدوش
Peneča kopel
حمام رغوة
Kopalna kad
حوض الحمام
Kozarec
كأس
Pralni stroj
غسالة
Pipa
صنبور الماء
Ploščice
بلاط
Kahlica
قفازات مطاطية
Korito
مجلى

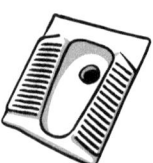

Stranišče

حمام

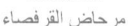

Stranišče na počep

مرحاض القرفصاء

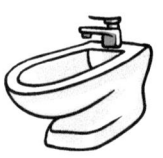

Bide

حوض التشطيف

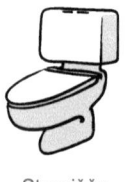

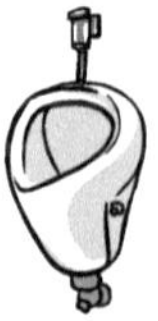

Pisoar

مبولة

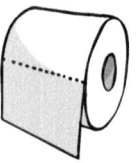

Toaletni papir

ورق المرحاض

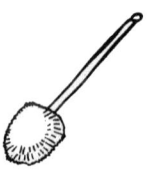

Ščetka za straniščno školjko

فرشاة الحمام

Zobna ščetka

فرشاة الأسنان

Zobna pasta

معجون الأسنان

Zobna nitka

خيط حرير لتنظيف الأسنان

Umiti se

يغسل

Ročna prha

رشاش ماء يدوي

Prha za intimne dele

شطاف

Umivalnik

حوض الغسيل

Krtača za hrbet

فرشاة الظهر

Milo

صابون

Gel za prhanje

جيل الدوش

Šampon

شامبو

Krpica za miljenje

ممسحة

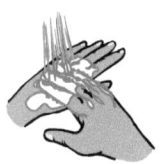

Odtok

مصرف للماء

Krema

مرهم

Deodorant

مزيل الروائح

Ogledalo

مرآة

Ročno ogledalo

مرآة يد

Britvica

موس حلاقة

Pena za britje

رغوة الحلاقة

Vodica po britju

كولونيا

Glavnik

مشط

Ščetka

فرشاة

Sušilnik za lase

سشوار

Lak za lase

مثبت للشعر

Ličila

ماكياج

Šminka

روج

Lak za nohte

طلاء أظافر

Vatirane blazinice

قطن

Škarjice za nohte

مقص أظافر

Parfum

عطر

Toaletna torbica

سلة الغسيل

Stol brez naslonjala

مقعد صغير

Osebna tehtnica

ميزان

Kopalni plašč

معطف الحمام

Gumijaste rokavice

قفازات مطاطية

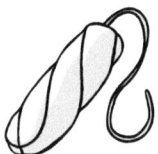

Tampon

سدادة قطنية

Damski vložki

منشفة صحية

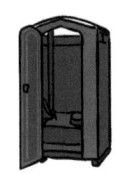

Kemično stranišče

تواليت كيميائية

Otroška soba

غرفة الأطفال

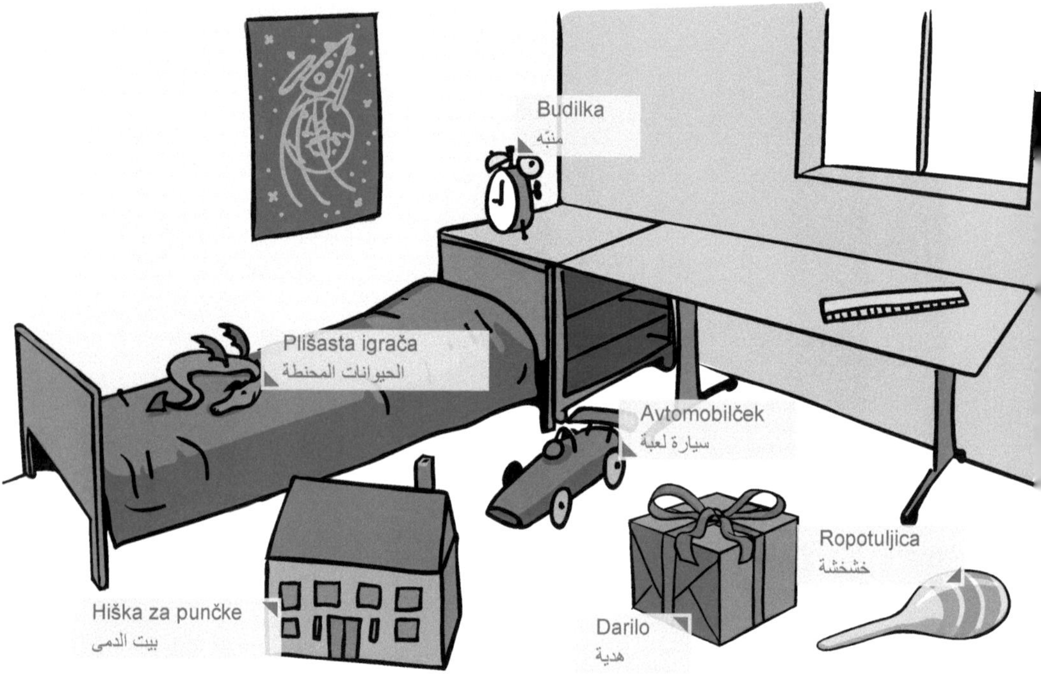

Budilka
منبّه
Plišasta igrača
الحيوانات المحنطة
Avtomobilček
سيارة لعبة
Ropotuljica
خشخشة
Hiška za punčke
بيت الدمى
Darilo
هدية

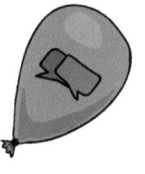

Balon

بالون

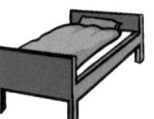

Postelja

سرير

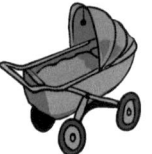

Otroški voziček

عربة الأطفال

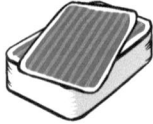

Igralne karte

لعبة الورق

Sestavljanka

أحجية

SUPER MEGA

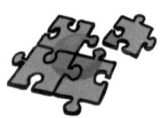

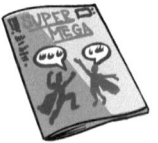

Strip

رسوم هزلية

Lego kocke

أحجار الليغو

Igralne kocke

حجارة تركيب

Akcijska figura

دمية بطل

Bodi

لباس الطفل

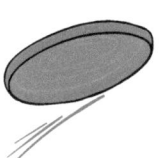

Frizbi

فريسبي

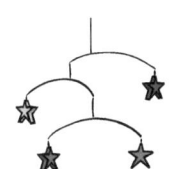

Vrtiljak za posteljico

دمية معلقة

Namizna igra

لعبة الطاولة

Kocka

لعبة النرد

Komplet modelov vlakov

لعبة قطار

Duda

مصّاصة

Zabava

حفلة

Slikanica

كتاب مصوّر

Žoga

كرة

Lutka

دمية

Igrati se

يلعب

Peskovnik

ملعب رملي للأطفال

Gugalnica

أرجوحة

Igrače

لعبة

Igralna konzola

ألعاب فيديو

Tricikel

دراجة ثلاثية

Plišasti medvedek

دمية على شكل الدب

Garderoba

خزانة الثياب

Oblačilo

ثياب

Nogavice

جوارب قصيرة

Samostoječe nogavice

جوارب طويلة

Hlačne nogavice

جورب بنطلون

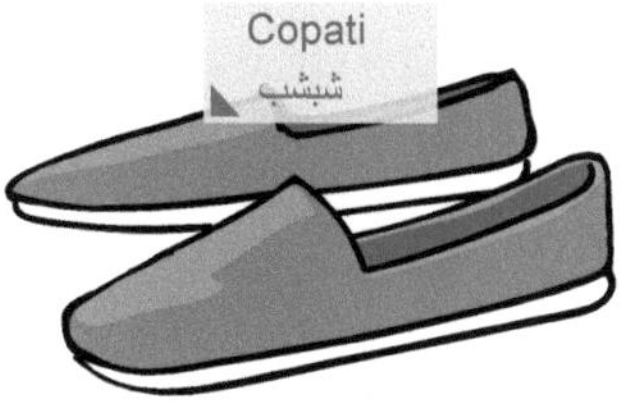

Šal
شال

Dežnik
شمسية

Pas
حزام

Majica s kratkimi rokavi
تي شيرت

Škornji
حذاء شتوي

Copati
شبشب

Športni copati
أحذية رياضية

Sandali

صندل

Čevlji

حذاء

Gumijasti škornji

جزمة كاوتشوك

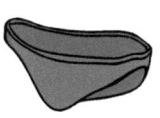

Spodnje hlače

سروال داخلي

Modrček

صدّارة

Telovnik

قميص داخلي

Bodi

لباس ملاصق للجسم

Hlače

بنطلون

Kavbojke

جينز

Krilo

تنورة

Bluza

بلوزة

Srajca

قميص

Pulover

سترة قطنية

Pletena jopica

كنزة كم طويل

Jopa

سترة فضفاضة

Jakna

سترة

Plašč

معطف

Dežni plašč

معطف مطري

Kostim

زي - طقم نسائي

Obleka

ثوب

Poročna obleka

ثوب الزفاف

Obleka

طقم

Spalna srajca

قميص نوم

Pižama

بيجاما

Sari

ساري

Naglavna ruta

حجاب

Turban

عمامة

Burka

برقع

Kaftan

قفطان

Abaja

عباءة

Kopalke

مايوه

Kopalne hlače

سروال سباحة

Kratke hlače

شرت

Trenirka

بدلة رياضية

Predpasnik

مئزر

Rokavice

قفازات

Gumb

زر

Očala

نظّارة

Zapestnica

إسوارة

Verižica

عقد

Prstan

خاتم

Uhan

قرط

Kapa

طاقيّة

Obešalnik

علاقة ثياب

Klobuk

قبّعة

Kravata

ربطة العنق

Zadrga

سحّاب

Čelada

خوذة

Naramnice

حمّالة البنطلون

Šolska uniforma

اللباس المدرسي

Uniforma

زي موحّد

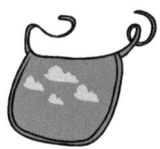

Slinček

مريلة الأطفال

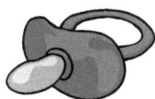

Duda

مصّاصة

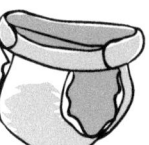

Plenica

لفافة

Pisarna

مكتب

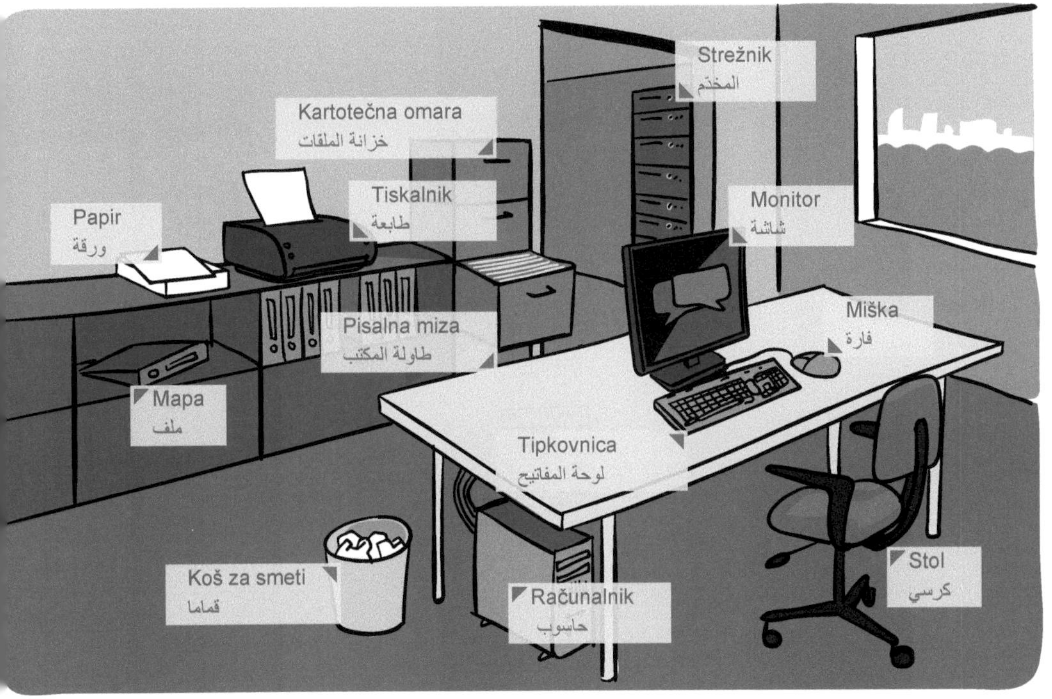
Strežnik
المخدّم
Kartotečna omara
خزانة الملفات
Tiskalnik
طابعة
Papir
ورقة
Monitor
شاشة
Miška
فارة
Pisalna miza
طاولة المكتب
Mapa
ملف
Tipkovnica
لوحة المفاتيح
Koš za smeti
قماما
Računalnik
حاسوب
Stol
كرسي

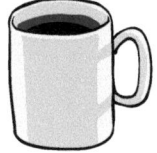

Lonček za kavo

كأس من القهوة

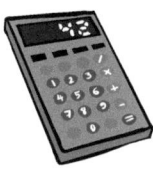

Kalkulator

الآلة الحاسبة

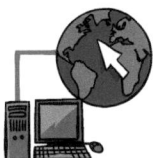

Internet

الإنترنت

Prenosnik

الحاسوب المحمول

Pismo

رسالة

Sporočilo

خبر

Mobilnik

الهاتف المحمول

Omrežje

شبكة

Kopirni stroj

جهاز تصوير

Programska oprema

البرمجيات

Telefon

هاتف

Vtičnica

مقبس كهرباني

Telefaks

فاكس

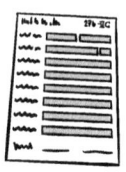

Obrazec

استمارة

Dokument

وثيقة

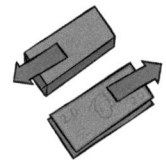

Kupiti

يشتري

Plačati

يدفع

Trgovati

يتاجر

Denar

مال

Dolar

دولار

Evro

يورو

Jen

ين

Rubelj

روبل

Švičarski frank

فرنك سويسري

Kitajski juan renminbi

يوان

Rupija

روبية

Bankomat

صرّاف آلي

Menjalnica

مكتب صرافة

Zlato

ذهب

Srebro

فضة

Nafta

نفط

Energija

طاقة

Cena

سعر

Pogodba

عقد

Davek

ضريبة

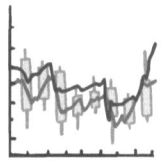

Delnice

سهم

Delati

يعمل

Delojemalec

موظف

Delodajalec

رب العمل

Tovarna

مصنع

Trgovina

متجر

Policist
الشرطي

Gasilec
رجل إطفاء

Kuhar
طبّاخ

Zdravnik
الطبيب

Pilot
طيار

Vrtnar

بستاني

Mizar

نجّار

Šivilja

خياطة

Sodnik

قاض

Kemik

كيميائي

Igralec

ممثّل

Voznik avtobusa

سائق حافلة

Taksist

سائق تاكسي

Ribič

صياد سمك

Čistilka

أجيرة للتنظيف

Krovec

بنّاء سقف

Natakar

نادل

Lovec

صيّاد

Pleskar

رسّام

Pek

خباز

Električar

كهربائي

Gradbenik

عامل بناء

Inženir

مهندس

Mesar

لحَام

Vodovodni inštalater

سمكري

Poštar

ساعي البريد

Vojak

جندي

Arhitekt

مهندس معماري

Blagajnik

أمين صندوق

Cvetličar

بائع الزهور

Frizer

حلاق

Sprevodnik

مراقب القطار

Mehanik

ميكانيكي

Kapitan

قبطان

Zobozdravnik

طبيب أسنان

Znanstvenik

رجل العلم

Rabin

حاخام

Imam

إمام

Menih

راهب

Duhovnik

كاهن

Orodje

عدة عمل

Kladivo
مطرقة
Klešče
كمّاشة
Izvijač
مفك البراغي
Vijačni ključ
مفتاح ربط
Žepna svetilka
مصباح يد

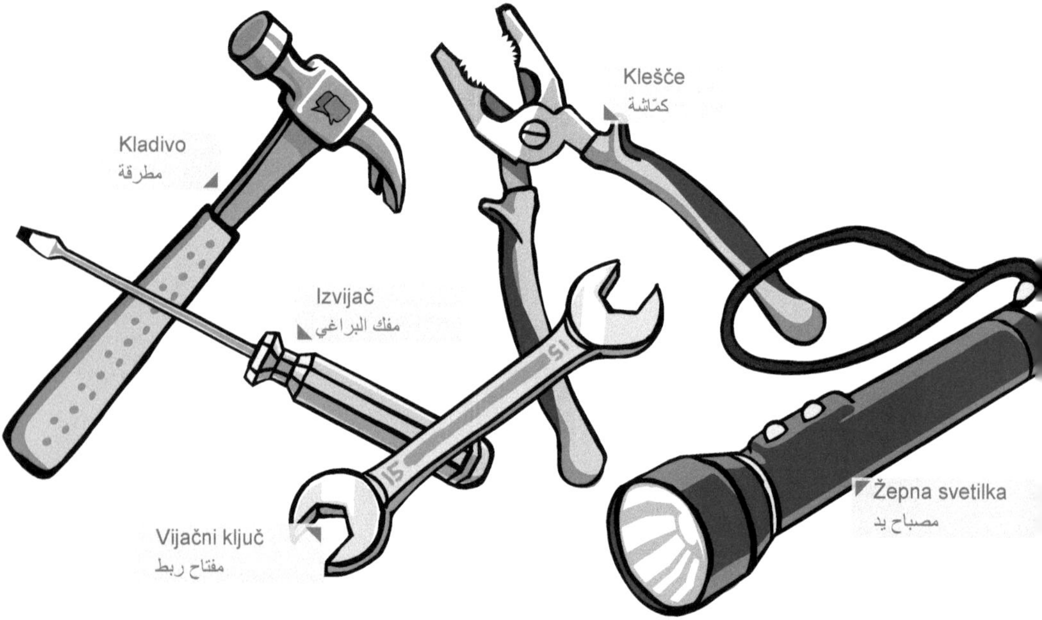

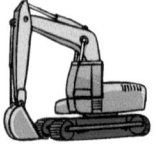

Bager

جرافة

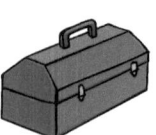

Zaboj z orodjem

صندوق العدة

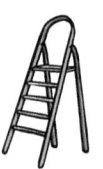

Lestev

سلّم

Žaga

منشار

Žeblji

مسامير

Vrtalnik

مثقب

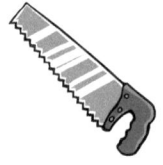

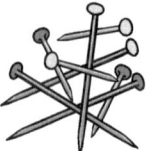

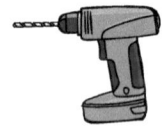

Popraviti

يصلح

Lopata

مجرفة

Šment!

اللعنة

Smetišnica

لقاطة الكناسة

Posoda z barvo

سطل الألوان

Vijaki

براغي

Glasbeni instrument

آلات موسيقية

Tolkala
آلات الإيقاع

Zvočnik
مكبر الصوت

Kitara
غيتار

Kontrabas
كمان أجهر

Trobenta
بوق

Klavir

بيانو

Violina

كمنجة

Bas kitara

جيتير

Pavke

طبل كبير

Bobni

طبل

Sintetizator

بيانو كهربائي

Saksofon

ساكسوفون

Flavta

ناي

Mikrofon

ميكروفون

Živalski vrt

حديقة حيوانات

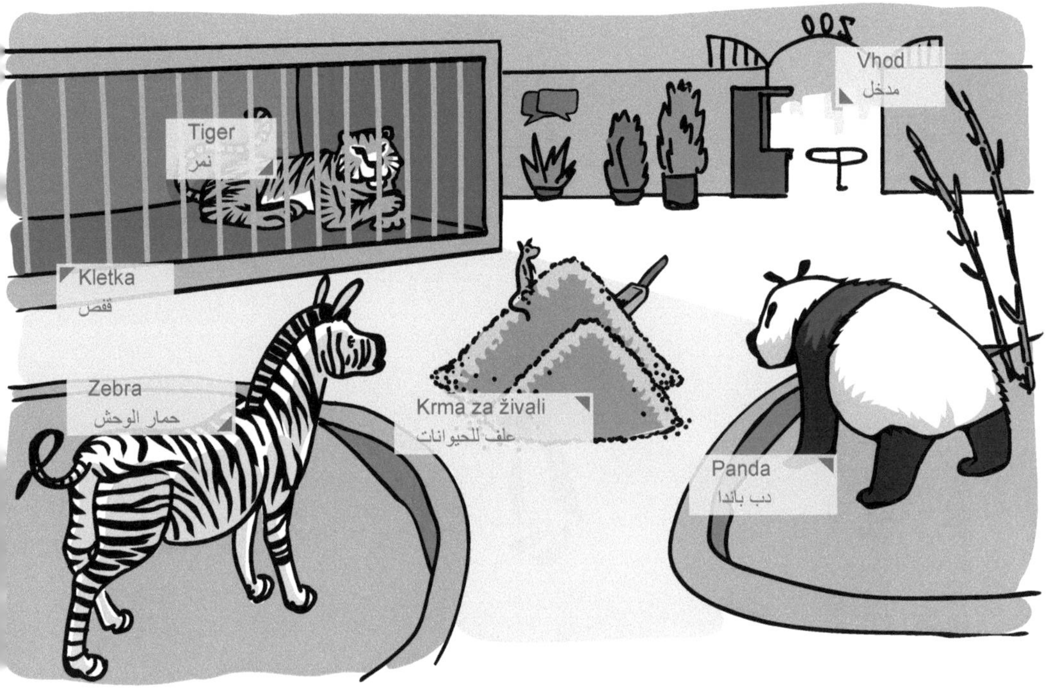

zoo
Vhod
مدخل
Tiger
نمر
Kletka
قفص
Zebra
حمار الوحش
Krma za živali
علف للحيوانات
Panda
دب باندا

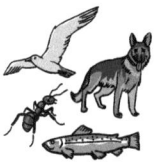

Živali

حيوانات

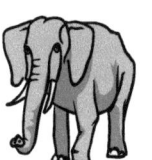

Slon

فيل

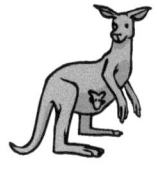

Kenguru

كنغر

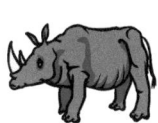

Nosorog

وحيد القرن

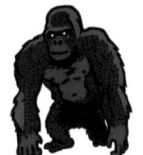

Gorila

غوريلا

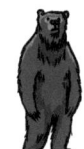

Medved

دب

Kamela

جمل

Noj

نعامة

Lev

أسد

Opica

قرد

Plamenec

طائر فلامينغو

Papagaj

ببغاء

Severni medved

دب قطبي

Pingvin

بطريق

Morski pes

سمك القرش

Pav

طاووس

Kača

أفعى

Krokodil

تمساح

Oskrbnik v živalskem vrtu

حارس في حديقة الحيوان

Tjulenj

عجل البحر

Jaguar

نمر أمريكي مرقط

Poni

فرس قزم

Leopard

نمر

Povodni konj

فرس النهر

Žirafa

زرافة

Orel

نسر

Divji prašič

خنزير برّي

Riba

سمك

Želva

سلحفاة

Mrož

حيوان فظ البحري

Lisica

ثعلب

Gazela

غزال

Ameriški nogomet
كرة القدم الأمريكية

Kolesarjenje
ركوب الدراجات

Tenis
كرة التنس

Košarka
كرة السلة

Plavanje
السباحة

Hokej
هوكي الجليد

Boks
الملاكمة

Nogomet
كرة القدم

Badminton
الريشة الطائرة

Atletika
ألعاب القوى الخفيفة

Rokomet
كرة اليد

Smučanje
التزلج على الثلج

Polo
بولو

Skočiti
يقفز

Objeti
يعانق

Smejati se
يضحك

Hoditi
يمشي

Peti
يغني

Sanjati
يحلم

Moliti
يصلي

Poljubiti
يقبل

Pisati
يكتب

Risati
يرسم

Pokazati
يُري

Potisniti
يدفع

Dati
يعطي

Vzeti
يأخذ

Imeti

يملك

Narediti

يعمل

Biti

يوجد

Stati

يقف

Teči

يركض

Vleči

يسحب

Vreči

يرمي

Pasti

يقع

Ležati

يستلقي

Čakati

ينتظر

Nositi

يحمل

Sedeti

يجلس

Obleči se

يلبس

Spati

ينام

Zbuditi se

يستيقظ

Gledati

ينظر إلى ..

Jokati

يبكي

Božati

يمسّد

Česati se

يمشّط

Govoriti

يتكلم

Razumeti

يفهم

Vprašati

يسأل

Poslušati

يسمع

Piti

يشرب

Jesti

ياكل

Pospraviti

يرتب

Ljubiti

يحب

Kuhati

يطبخ

Voziti

يقّود

Leteti

يطير

Jadrati

يبحر بزورق شراعي

Računanje

يحسب

Brati

يقرأ

Učiti se

يتعلم

Delati

يعمل

Poročiti se

يتزوج

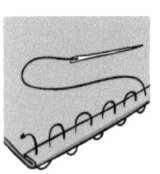

Šivati

يخيط

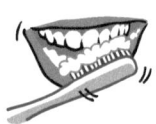

Ščetkati si zobe

ينظف أسنانه

Ubiti

يقتل

Kaditi

يدخّن

Poslati

يرسل

Družina
عائلة

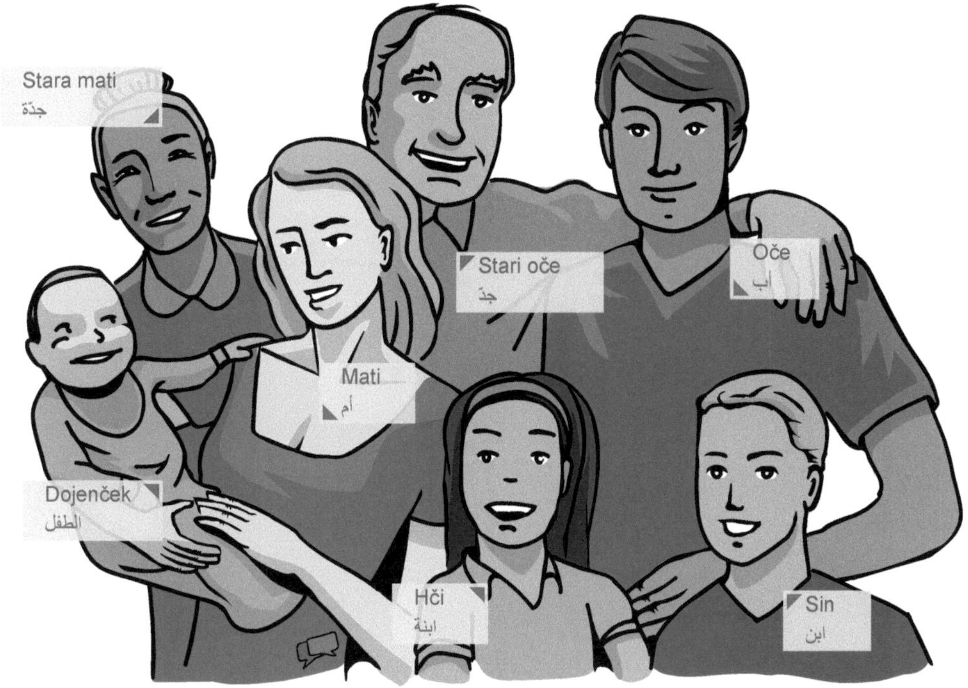
Stara mati
جدّة
Stari oče
جدّ
Oče
أب
Mati
أم
Dojenček
الطفل
Hči
ابنة
Sin
ابن

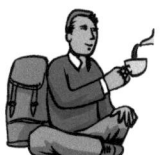

Gost
ضيف

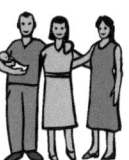

Teta
عمّة / خالة

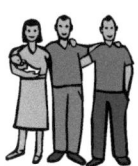

Stric
عمّ / خال

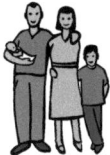

Brat
أخ

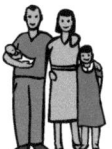

Sestra
أخت

Telo

الجسم

Čelo
الجبين
Oko
العين
Rama
الكتف
Prst
الإصبع
Obraz
الوجه
Brada
الذقن
Dlan
اليد
Noga
الساق
Prsi
الصدر
Roka
الذراع

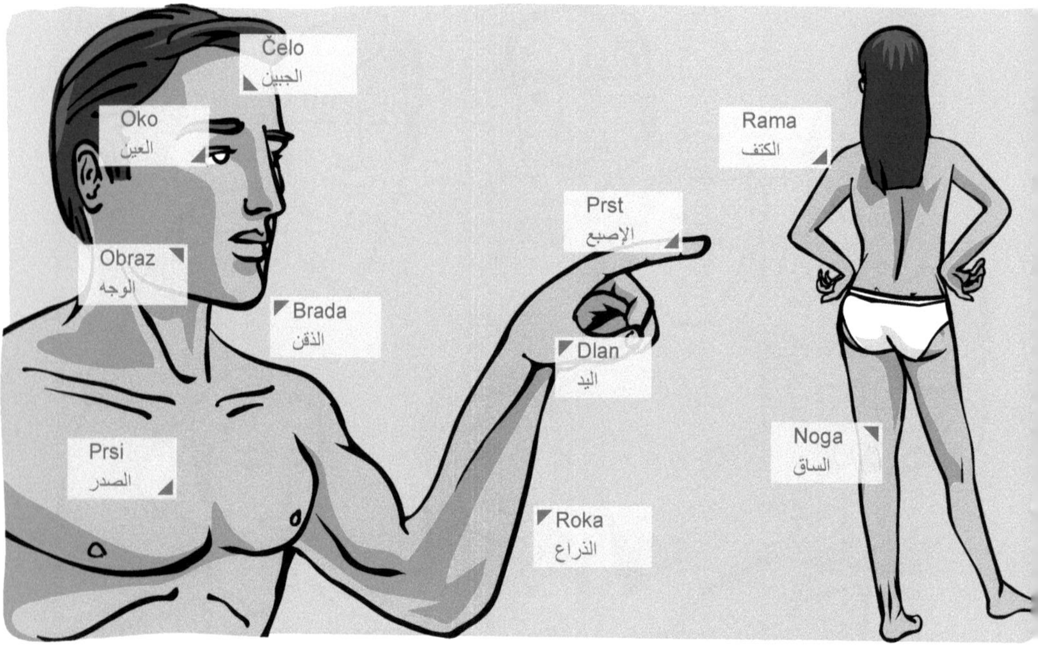

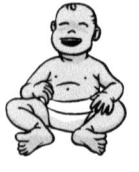

Dojenček

الطفل

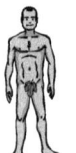

Človek

الرجل

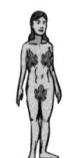

Ženska

المرأة

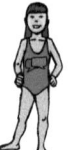

Dekle

البنت

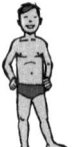

Fant

الولد

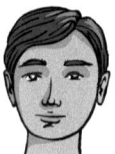

Glava

الرأس

Hrbet

الظهر

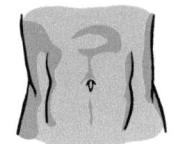

Trebuh

البطن

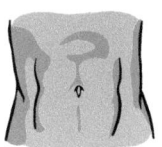

Popek

السرّة

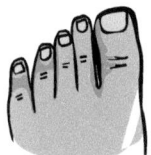

Prst na nogi

إصبع القدم

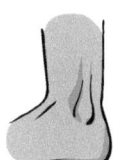

Peta

الكعب

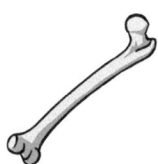

Kost

العظم

Kolk

الورك

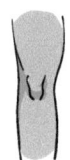

Koleno

الركبة

Komolec

المرفق

Nos

الأنف

Zadnjica

العَجُز

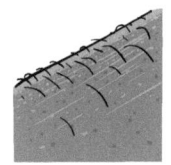

Koža

البشرة

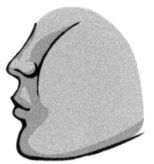

Lice

الخد

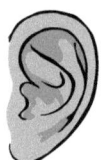

Uho

الأذن

Ustnica

الشفة

Usta

الفم

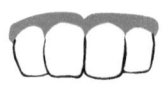

Zob

السن

Jezik

اللسان

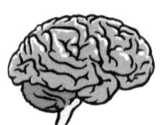

Možgani

الدماغ

Srce

القلب

Mišica

العضلة

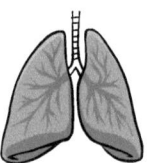

Pljuča

الرئة

Jetra

الكبد

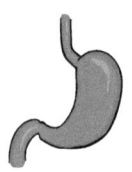

Želodec

المعدة

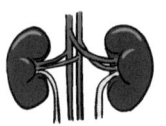

Ledvice

الكلى

Spolni odnos

الاتصال الجنسي

Kondom

الواقي المطاطي

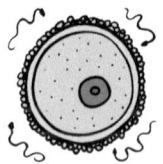

Jajčece

البويضة

Semenska tekočina

المنيّ

Nosečnost

الحمل

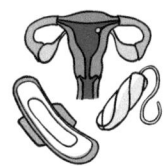

Menstruacija

الحيض

Vagina

المهبل

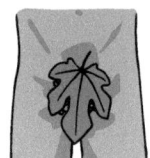

Penis

القضيب

Obrv

الحاجب

Lasje

الشعر

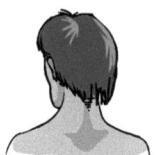

Vrat

الرقبة

Bolnišnica
المستشفى

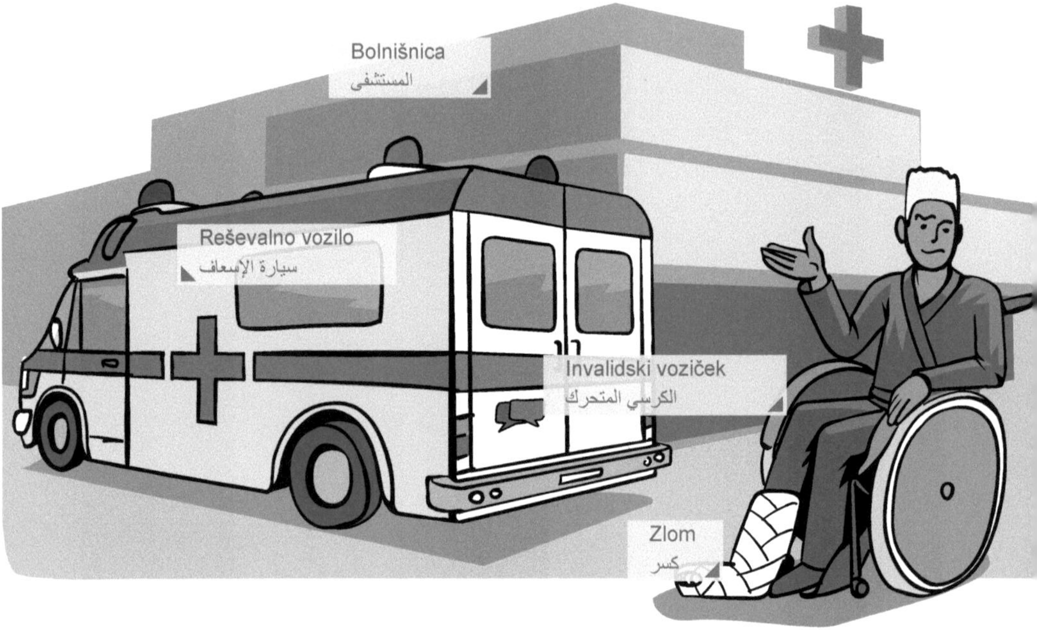

Bolnišnica
المستشفى
Reševalno vozilo
سيارة الإسعاف
Invalidski voziček
الكرسي المتحرك
Zlom
كسر

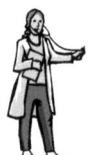

Zdravnik
الطبيب

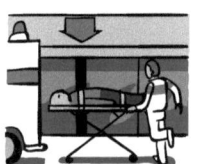

Urgenca
غرفة الإسعاف

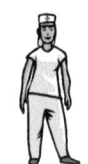

Medicinska sestra
الممرضة

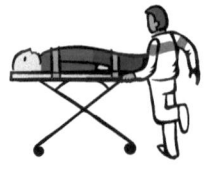

Nujni primer
حالة

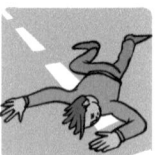

Nezavesten
مغمى عليه

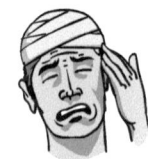

Bolečina
الألم

Poškodba

إصابة

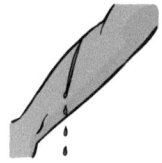

Krvavenje

النزيف

Srčni infarkt

احتشاء القلب

Kap

جلطة

Alergija

حسسية

Kašelj

السعال

Vročina

الحُمّى

Gripa

إنفلونزا

Driska

الإسهال

Glavobol

وجع الرأس

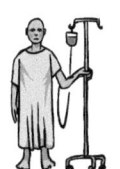

Rak

السرطان

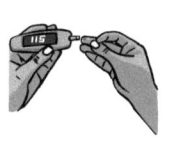

Sladkorna bolezen

مرض السكر

Kirurg

جرّاح

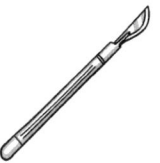

Skalpel

مبضع

Operacija

عملية

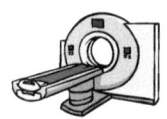

CT

سيتي سكان

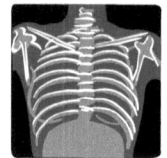

Rentgen

الأشعة السينية

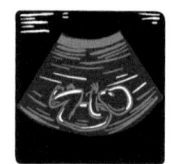

Ultrazvok

فوق الصوتي

Obrazna maska

القناع

Bolezen

المرض

Čakalnica

غرفة الانتظار

Bergla

العُكاز

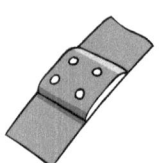

Obliž

شريط لاصق

Preveza

ضماد

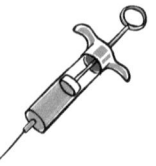

Injekcija

حقنة

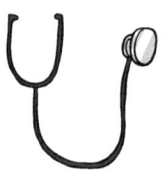

Stetoskop

سمّاعة الطبيب

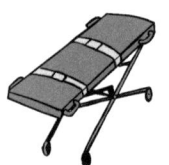

Nosila

نقالة

Klinični termometer

ميزان حرارة

Porod

ولادة

Prekomerna teža

وزن زائد

Slušni pripomoček

جهاز السمع

Razkužilo

المواد المعقمة

Okužba

عدوى

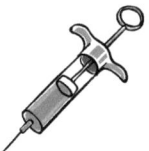

Virus

فيروس

HIV / AIDS

الإيدز

Medicina

الطب

Cepljenje

اللقاح

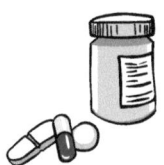

Tablete

أقراص الدواء

Tableta

حبّة الدواء

Klic v sili

نداء النجدة

Merilnik krvnega tlaka

مقياس ضغط الدم

bolano / zdravo

مريض / صحيح

Na pomoč!

النجدة!

Alarm

إنذار

Napad

اعتداء

Napad

هجوم

Nevarnost

خطر

Izhod v sili

مخرج طوارئ

Gori!

حريق!

Gasilni aparat

جهاز الإطفاء

Nezgoda

حادث

Komplet za prvo pomoč

حقيبة الإسعاف الأولي

SOS

أنقذونا

Policija

الشرطة

Evropa

أوروبا

Severna Amerika

أمريكا الشمالية

Južna Amerika

أمريكا الجنوبية

Afrika

أفريقيا

Azija

آسيا

Avstralija

أستراليا

Atlantski ocean

المحيط الأطلسي

Tihi ocean

المحيط الهادي

Indijski ocean

المحيط الهندي

Južni ocean

المحيط المتجمد الجنوبي

Arktični ocean

المحيط المتجمد الشمالي

Severni tečaj

القطب الشمالي

Južni tečaj

القطب الجنوبي

Antarktika

منطقة القطب الجنوبي

Zemlja

أرض

Kopno

بر

Morje

بحر

Otok

جزيرة

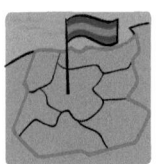

Narod

أمة

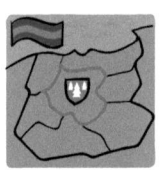

Država

دولة

Številčnica
ميناء الساعة

Urni kazalec
عقرب الساعات

Minutni kazalec
عقرب الدقائق

Sekundni kazalec
عقرب الثواني

Koliko je ura?
كم الساعة الآن؟

Dan
يوم

Čas
زمن

Zdaj
الآن

Digitalna ura
ساعة رقمية

Minuta
دقيقة

Ura
ساعة

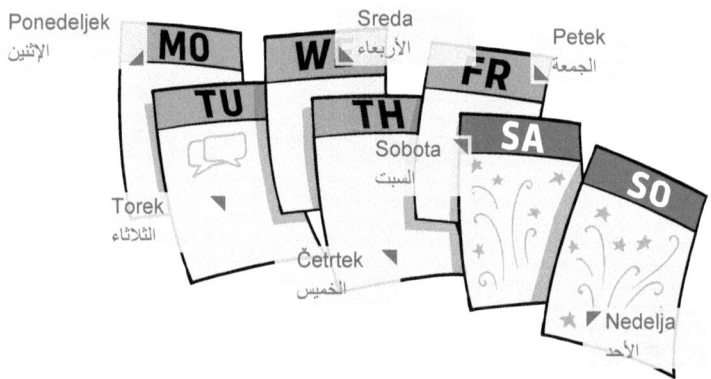

Ponedeljek — الإثنين

Sreda — الأربعاء

Petek — الجمعة

Torek — الثلاثاء

Četrtek — الخميس

Sobota — السبت

Nedelja — الأحد

Včeraj

الأمس

Danes

اليوم

Jutri

غدا

Jutro

الصباح

Poldne

الظهر

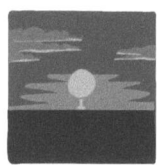

Večer

المساء

MO	TU	WE	TH	FR	SA	SU
1	2	3	4	5	6	7
8	9	10	11	12	13	14
15	16	17	18	19	20	21
22	23	24	25	26	27	28
29	30	31	1	2	3	4

Delovni dnevi

أيام العمل

MO	TU	WE	TH	FR	SA	SU
1	2	3	4	5	6	7
8	9	10	11	12	13	14
15	16	17	18	19	20	21
22	23	24	25	26	27	28
29	30	31	1	2	3	4

Konec tedna

نهاية الأسبوع

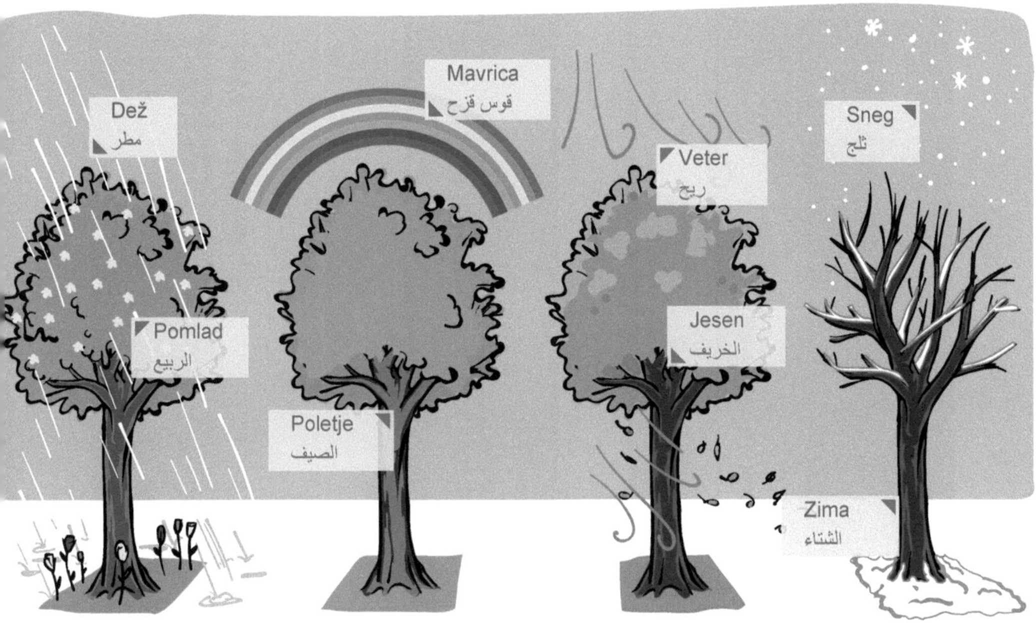

Dež
مطر
Mavrica
قوس قزح
Veter
ريح
Sneg
ثلج
Pomlad
الربيع
Poletje
الصيف
Jesen
الخريف
Zima
الشتاء

4.APRIL 11°
5.APRIL 4°
6.APRIL 13°
7.APRIL 8°
8.APRIL 10°

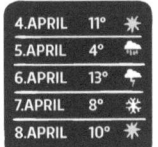

Vremenska napoved
....
التنبّؤ بالحالة الجوية

F
C
120
90
60
30
0
-30
40
30
20
10
0
-10
-20

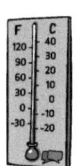

Termometer
....
مقياس حرارة

Sončna svetloba
....
ضوء الشمس

Oblak
....
سحابة

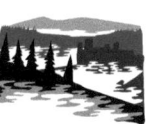

Megla
....
ضباب

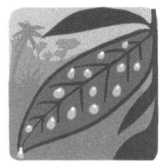

Vlažnost
....
رطوبة الجو

Strela

برق

Grom

رعد

Nevihta

عاصفة

Toča

بَرَد

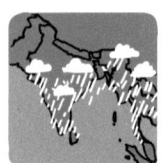

Monsun

ريح موسمية

Poplava

طوفان

Led

جليد

Januar

كانون الثاني / يناير

Februar

شباط / فبراير

Marec

آذار / مارس

April

نيسان / أبريل

Maj

أيار / مايو

Junij

حزيران / يونيو

Julij

تموز / يوليو

Avgust

آب / أغسطس

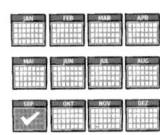

September

....

أيلول / سبتمبر

Oktober

....

تشرين الأول / أكتوبر

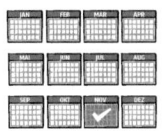

November

....

تشرين الثاني / نوفمبر

December

....

كانون الأول / ديسمبر

Oblike

أشكال

Krogla

....

دائرة

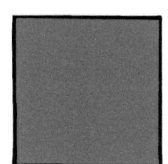

Kvadrat

....

مربع

Pravokotnik

....

مستطيل

Trikotnik

....

مثلث

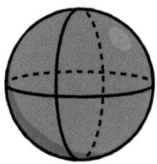

Krogla

....

كرة

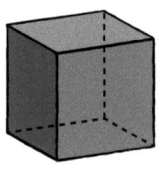

Kocka

....

مكعب

Bela

أبيض

Rumena

أصفر

Oranžna

برتقالي

Rožnata

وردي

Rdeča

أحمر

Vijolična

بنفسجي

Modra

أزرق

Zelena

أخضر

Rjava

بني

Siva

رمادي

Črna

أسود

veliko / malo

كثير / قليل

jezno / umirjeno

غضبان / هادئ

lepo / grdo

جميل / قبيح

začetek / konec

بداية / نهاية

veliko / majhno

كبير / صغير

svetlo / temno

فاتح / قاتم

brat / sestra

أخ / أخت

čisto / umazano

نظيف / وسخ

popolno / nepopolno

كامل / ناقص

dan / noč

نهار / ليل

mrtvo / živo

ميت / حيّ

široko / ozko

عريض / ضيّق

užitno / neužitno

صالح للأكل / غير صالح

zlobno / prijazno

شرير / لطيف

vznemirjeno / zdolgočaseno

مثير / ممل

debelo / vitko

سمين / نحيف

prvo / zadnje

أولا / أخيرا

prijatelj / sovražnik

صديق / عدو

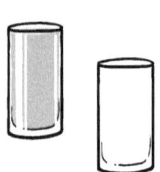

polno / prazno

مليء / فارغ

trdo / mehko

صلب / لين

težko / lahko

ثقيل / خفيف

lakota / žeja

جوع / عطش

bolano / zdravo

مريض / صحيح

nezakonito / zakonito

غير شرعي / شرعي

pametno / neumno

ذكي / غبي

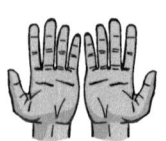

levo / desno

يسار / يمين

blizu / daleč

قريب / بعيد

novo / rabljeno

جديد / مستعمل

nič / nekaj

لا شيء / بعض الشيء

staro / mlado

مسن / شاب

vklopljeno / izklopljeno

يشعل / يطفئ

odprto / zaprto

مفتوح / مغلق

tiho / glasno

خافت / عالٍ

bogato / revno

غني / فقير

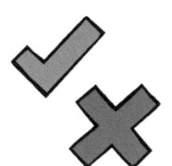

prav / narobe

صح / خطأ

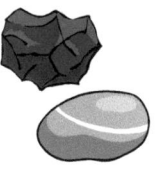

grobo / gladko

أحرش / املس

žalostno / veselo

حزين / سعيد

kratko / dolgo

قصير / طويل

počasi / hitro

بطيء / سريع

mokro / suho

مبلول / جاف

toplo / hladno

ساخن / بارد

vojna / mir

حرب / سلم

Števila

0

Ničla

صفر

1

Ena

واحد

2

Dva

اثنان

3

Tri

ثلاثة

4

Štiri

أربعة

5

Pet

خمسة

6

Šest

ستة

7

Sedem

سبعة

8

Osem

ثمانية

9

Devet

تسعة

10

Deset

عشرة

11

Enajst

أحد عشر

12

Dvanajst

اثنا عشر

13

Trinajst

ثلاثة عشر

14

Štirinajst

أربعة عشر

15

Petnajst

خمسة عشر

16

Šestnajst

ستة عشر

17

Sedemnajst

سبعة عشر

18

Osemnajst

ثمانية عشر

19

Devetnajst

تسعة عشر

20

Dvajset

عشرون

100

Sto

مائة

1.000

Tisoč

ألف

1.000.000

Milijon

مليون

Angleščina

الإنكليزية

Ameriška angleščina

الإنكليزية الأمريكية

Mandarinščina

لغة ماندارين الصينية

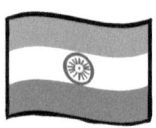

Hindujščina

الهندية

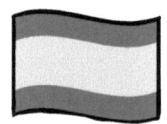

Španščina

الإسبانية

Francoščina

الفرنسية

Arabščina

العربية

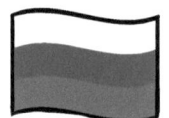

Ruščina

الروسية

Portugalščina

البرتغالية

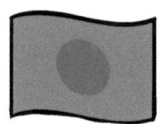

Bengalščina

البنغالية

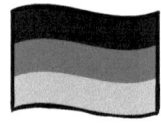

Nemščina

الألمانية

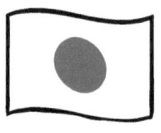

Japonščina

اليابانية

Jaz

أنا

Ti

أنتَ

On / ona / tisto

هو / هي

Mi

نحن

Vi

أنتم

Oni

هم

Kdo?

من؟

Kaj?

ماذا؟

Kako?

كيف؟

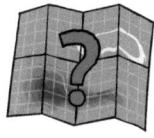

Kje?

أين؟

Kdaj?

متى؟

Ime

اسم

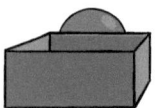

Zadaj

خلف

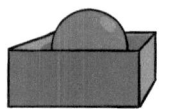

V

في

Pred

أمام

Nad

فوق

Na

على

Pod

تحت

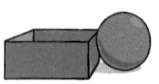

Poleg

جنب

Med

بين

Kraj

مكان